Automatisation avec Python

Automatiser les taches du web

Julien FAUJANET

ISBN : 153537182X
ISBN-13 : **978-1535371827**

Table des matières

Introduction :

Dans ce livre nous allons apprendre à automatiser des taches avec Python. La version utilisée de Python sera la 3.5.

Dans la première partie :

Nous verrons comment gérer la souris : position, déplacement, drag and drop (glissé/déposé), clic, double clic, triple clic, les boutons et la mollette.

Nous verrons les Messages box (boîtes de dialogues). Le clavier avec la pression des touches, l'ajout de texte et aussi les raccourcis qui impliquent plusieurs touches dans un ordre précis.

Nous verrons aussi comment reconnaître une image à l'écran, ce qui sera très pratique pour reconnaître une zone ou il faudra cliquer.

Dans la deuxième partie :

Nous mettrons en pratique ce que nous auront apprit dans des cas de la vie de tous les jours comme :

Exécuter des actions sur Facebook, (se sera le même principe pour écrire des tweets), ou se connecter à des sites à code visuel comme votre banque ou autre (cette technique sera présenté avec un exemple sur la calculatrice, vous vous doutez bien que je ne vais pas me connecter sur un site bancaire pour vous le montrer).

Attention : Les techniques enseignées dans ce livre, sont expliquées dans un but d'apprentissage et/ ou ludique et/ou dans le but d'automatiser des actions sur des systèmes dont vous êtes le propriétaire.

Les exemples pris dans cet ouvrage le sont uniquement pour améliorer la compréhension et en aucun cas pour vous inciter à quoi que ce soit. L'auteur de ce livre ne pourra en aucun cas être tenu pour responsable de ce que vous ferez de vos connaissances acquises dans ce livre.

Vous devrez connaître les bases de Python pour comprendre ce livre. Pour ceux qui auraient lu mes précédents livres sur Python et en particulier : **« Bien commencer avec Python 3 »**, vous n'aurez besoin de rien d'autre pour attaquer le présent ouvrage.

Partie 1 : L'apprentissage

1. Gestion De La Souris Et Du Clavier

Dans ce chapitre nous allons apprendre à automatiser les actions de la souris et du clavier, mais avant nous allons voir de quel module nous avons besoin pour cela.

Installation

Oui je sais, j'aurai éventuellement pu en parler avant, mais je ne voulais pas créer de chapitre spécialement pour ça, pour pouvoir rentrer plus vite dans le vif du sujet. Pour automatiser nos taches nous aurons besoin du module :

PyAutoGUI, qui, si vous êtes sous Windows, il s'installe en tapant dans la console : « pip install pyautogui ».

Après il ne vous reste plus qu'à l'importer comme ceci :

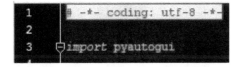

Les bases

Commençons par une fonction simple, qui va vous indiquer la taille de votre écran. La fonction **size** :

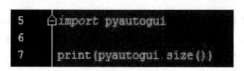

```
5    import pyautogui
6
7    print(pyautogui.size())
```

Résultat :

```
(1920, 1080)
```

Voyons une fonction très pratique qui permet de savoir si des coordonnées se trouvent à l'intérieur de l'écran. Il s'agit de la fonction : onScreen(), qui prend les coordonnées en argument. Comme ceci :

```
print(pyautogui.onScreen(50,250))
```

Résultat :

```
True
```

Là vous allez me dire, c'est facile si la valeur x est plus grande que zéro et plus petite que la largeur de l'écran : que l'on peut retrouver avec :

print(pyautogui.size()[0])

et que la valeur de y est plus grande que zéro et plus petite que la hauteur de l'écran, alors oui les coordonnées se trouvent sur l'écran.

Oui mais voila, cette fonction est bien utile dans le cas d'une forme qui se déplace comme un personnage ou même la souris.

Il suffit de faire quelque chose du style :

```
print(pyautogui.onScreen(pyautogui.position()))
```

Qui renvoi bien sur : True.

Mouvements et clics

Nous allons voir la fonction : **moveTo**, qui permet de déplacer la souris. Elle prend les coordonnées de destination en argument :

```
pyautogui.moveTo(900,500)

pyautogui.moveTo(0,500, 2)
```

La première fonction de la capture déplace la souris à la position demandée et la deuxième fonction prend un troisième argument, qui est le temps en secondes que doit mettre la souris pour effectuer le déplacement.

Si vous voulez bouger qu'une des deux valeurs, il vous suffit de mettre : None sur la valeur qui ne doit pas changer. Par exemple, si vous voulez juste descendre à la position Y : 750, mais que la position X du curseur est déjà à la bonne place, vous faîtes :

moveTo(None, 750).

Pour bouger en renseignant le nombre de pixels depuis votre position, vous pouvez utiliser la fonction **moveRel**, qui s'utilise de la même manière que la précédente sauf que vous renseignez le nombre de pixels depuis la position de la souris Exemple :

moveRel(-50,0)   - Bouge de 50 pixels vers la gauche.

moveRel(0,250)   - Bouge de 250 pixels vers le bas.

moveRel(None,250)   - Bouge de 250 pixels vers le bas.

moveRel(10,-60)   - Bouge de 10 pixels vers la droite et 60 vers le haut.

Voyons le Drag and drop (glisser/déposer).

Il s'agit des fonctions : **dragTo** et **dragRel** qui s'utilisent comme les fonctions moveTo et moveRel à l'exception qu'elles prennent toutes les deux un kwargs nommé **button**, qui correspond au bouton qui sera enfoncé pendant le déplacement de la souris.

Prenons un exemple :

```
 9    time.sleep(3)
10    pyautogui.moveTo(50, 400)
11
12    pyautogui.dragTo(150, 600, button='left')
13
```

J'ouvre le logiciel Paint, je reviens dans mon IDE PyCharm :

J'utilise à la ligne 9 la fonction sleep du module time pour mettre le programme en pause pendant 3 secondes, (histoire d'avoir le temps de remettre le focus sur Paint quand je lance le script).

Mais notez que j'aurais très bien pu lancer la fonction moveTo pour que la souris réactive le focus sur Paint.

Je n'oublie pas de sélectionner une forme dans Paint (sinon vous ne verrez rien), je choisi le rectangle.

Je déplace la souris à ma position de départ (ligne 10), puis à la ligne 12 j'utilise la fonction dragTo pour dessiner le rectangle jusqu'à la position : 150,600.

En lui renseignant bien sur que c'est le bouton gauche de la souris que je veux maintenir enfoncé.

Résultat :

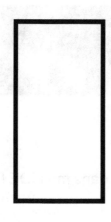

Voyons le clic.

Il faut utiliser la fonction **click**, je vous montre un exemple avec différentes façons de l'utiliser :

```
12    pyautogui.click()
13    pyautogui.click(100,200)
14    pyautogui.click(x=350, y=550)
15    pyautogui.click(50,100,clicks=3, interval=3.0)
16    pyautogui.click(button="right")
```

La façon la plus classique c'est à la ligne 12, aucun paramètre. Le clic sera déclenché immédiatement à l'endroit ou se trouve la souris.

Ligne 13 : Vous lui renseignez les coordonnées du clic et la souris s'y déplacera pour cliquer.

Ligne 14 : Vous pouvez renseigner les coordonnées sous forme de kwargs. Ce qui vous permet de les donner dans l'ordre que vous le souhaitez.

Ligne 15 : En plus des coordonnées j'utilise le l'argument nommé **clicks**, qui correspond au nombre de clics que l'on souhaite effectuer.

Ainsi que l'argument nommé **interval** qui correspond au nombre de secondes qui séparera chaque clic.

Enfin ligne 16 : L'argument nommé button qui correspond au bouton qui sera cliqué. Vous pouvez renseigner : **left**, **right**, ou **middle** (gauche, droit, milieu).

Bien sur, vous pouvez combiner ces kwargs comme bon vous semble.

Dans le même type de fonctionnement vous avez aussi les fonctions : **doubleClick** (qui peut aussi prendre l'intervalle entre chaque clic, mais si elle est trop élevé, ce ne sera plus un double clic).

Puis aussi la fonction : **tripleClick**. Vous avez aussi la fonction : **rightClick** pour le clic droit, mais bon, avec ce que l'on vient de voir, vous savez qu'on peut s'en passer.

Vous avez aussi les fonctions : **mouseDown** et **mouseUp**, qui correspondent respectivement à :

bouton de souris enfoncé et bouton de souris relâché. Elles prennent toutes les deux les kwargs : x, y et button.

Voyons le scrolling (défilement de la fenêtre avec la molette de la souris).

Pour cela il faut utiliser la fonction **scroll**, qui prend en argument un entier, qui correspondra au défilement. Il vous faudra faire des essais pour jauger :

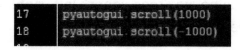

```
17    pyautogui.scroll(1000)
18    pyautogui.scroll(-1000)
```

Avec une valeur positive, vous défilez pour descendre et avec une valeur négative vous défilez pour monter. Vous pouvez aussi rajouter les kwargs x et y pour déplacer votre souris avant de scroller.

Le Clavier

Pour simuler l'écriture du clavier, il faut utiliser la fonction : **typewrite**, qui prend en argument le texte à taper et éventuellement : l'intervalle entre chaque lettre (avec l'argument nommé : interval). Exemple :

```
pyautogui.typewrite('Hello world', interval=0.25)
```

Résultat :

```
Hello world
```

Bien sur l'intervalle est facultative.

Presser une touche

Nous sommes assez limité ici, car nous ne pouvons taper que du texte. Si nous voulons appuyer sur une touche il faut utiliser la fonction : **press**, qui prend en argument le nom de la touche. Les noms des touches pour ce module sont stocké dans la liste :

KEYBOARD_KEYS du module.

Par exemple pour simuler la touche « Entrée » vous devez faire :

pyautogui.press('enter').

Voici la liste des noms des touches :

'\t', '\n', '\r', ' ', '!', '"', '#', '$', '%', '&', "'", '(', ')', '*', '+', ',', '-', '.', '/', '0',
'1', '2', '3', '4', '5', '6', '7', '8', '9', ':', ';', '<', '=', '>', '?', '@', '[', '\\', ']', '^',
'_', '`',
'a', 'b', 'c', 'd', 'e','f', 'g', 'h', 'i', 'j', 'k', 'l', 'm', 'n', 'o', 'p', 'q', 'r', 's', 't',
'u', 'v', 'w', 'x', 'y', 'z', '{', '|', '}', '~', 'accept', 'add', 'alt', 'altleft',
'altright', 'apps', 'backspace', 'browserback', 'browserfavorites',
'browserforward', 'browserhome', 'browserrefresh',
'browsersearch', 'browserstop', 'capslock', 'clear', 'convert', 'ctrl',
'ctrlleft', 'ctrlright', 'decimal', 'del', 'delete', 'divide', 'down', 'end',
'enter', 'esc', 'escape', 'execute', 'f1', 'f10', 'f11', 'f12', 'f13', 'f14',
'f15', 'f16', 'f17', 'f18', 'f19', 'f2', 'f20',
'f21', 'f22', 'f23', 'f24', 'f3', 'f4', 'f5', 'f6', 'f7', 'f8', 'f9', 'final', 'fn',
'hanguel', 'hangul', 'hanja', 'help', 'home', 'insert', 'junja', 'kana',
'kanji', 'launchapp1', 'launchapp2', 'launchmail',
'launchmediaselect', 'left', 'modechange', 'multiply', 'nexttrack',
'nonconvert', 'num0', 'num1', 'num2', 'num3', 'num4', 'num5',
'num6', 'num7', 'num8', 'num9', 'numlock', 'pagedown', 'pageup',
'pause', 'pgdn', 'pgup', 'playpause', 'prevtrack', 'print',
'printscreen', 'prntscrn', 'prtsc', 'prtscr', 'return', 'right',
'scrolllock', 'select', 'separator', 'shift', 'shiftleft', 'shiftright',
'sleep', 'stop', 'subtract', 'tab', 'up', 'volumedown', 'volumemute',
'volumeup', 'win', 'winleft', 'winright', 'yen', 'command', 'option',
'optionleft', 'optionright'

Raccourcis

Pour appuyer sur une touche tout en maintenant une touche enfoncée vous devez utiliser les fonctions **keyDown** et **keyUp**:

```
17    pyautogui.keyDown('shift')
18    pyautogui.press('a')
19    pyautogui.keyUp('shift')
20
```

On maintient la touche shift enfoncée, on presse la touche a et on relâche la touche shift.

Si vous voulez presser plusieurs touches à la suite vous devez les mettre dans une liste, comme ceci :

```
pyautogui.press(['left', 'left', 'left'])
```

Ce code pressera trois fois la flèche gauche.

Pour un raccourcis classique de combinaison de touches, il faut utiliser la fonction : **hotKey**, qui prend en argument tous les noms des touches à la suite :

```
pyautogui.hotkey('ctrl', 'shift', 'esc')
```

Ctrl + Shift + Echap

2. Message Box

Dans ce chapitre nous allons parler de Message box (boîte de dialogue).

Pour afficher les messages boxes il faut importer le module : **PyMsgBox**.

Importation

Voici comment importer ce module :

```
1   # -*- coding: utf-8 -*-
2   from pymsgbox.native import *
3   import pyautogui
4   import time
```

La boite de dialogue « Alert » (classique) :

```
time.sleep(1)
alert(text='Heyyy', title='Mon titre', button='OK')
```

Elle prend en argument nommés : le texte avec *text*, le titre de sa fenêtre avec *title*, et le nom du bouton avec *button*.

Elle renvoie le texte du bouton qui a été cliqué.

Aperçu :

La boîte de dialogue « Confirm » (Plusieurs boutons) :

```
 9    time.sleep(1)
10    confirm(text='Etes vous sur',
11            title='Confirm',
12            buttons=['OK', 'Annuler'])
```

Attention, je suis allé à la ligne pour plus de clarté. Elle prend une liste de boutons en argument nommés *buttons* (avec s).

Aperçu :

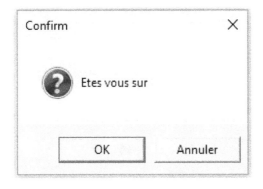

Renvoie aussi le texte du bouton cliqué.

La boîte de dialogue «Prompt» (Récupère un texte entré par l'utilisateur) :

```
9    time.sleep(1)
10   prompt(text='Console',
11         title='Titre console',
12         default='texte par defaut')
```

Ce qui change c'est l'argument nommé : ***default*** qui prend un texte par défaut (facultatif).

Aperçu :

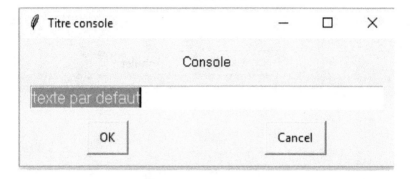

Renvoie le texte entré, ou None si le bouton Cancel a été cliqué.

La boîte de dialogue «Password» (Récupère un texte entré par l'utilisateur, sous forme de mot de passe) :

```
 9    time.sleep(1)
10    password(text='Mot de passe',
11             title='Titre',
12             default='',
13             mask='*')
```

Ce qui change ici c'est l'argument nommé : **mask**, qui correspond aux caractères qui cacheront le mot de passe.

Aperçu :

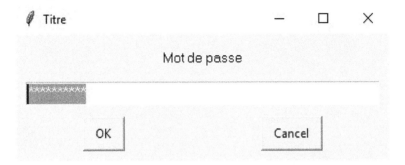

Renvoie le texte entré, ou None si le bouton Cancel a été cliqué.

3. Screenshot

Dans ce chapitre nous allons apprendre à reconnaître des images dans des zones de l'écran pour pouvoir se repérer ou cliquer dessus.

Nous verrons aussi quelques astuces pour optimiser tout ça car la solution de base n'est pas optimale.

Screenshot

Pour la recherche d'images, dans le but de les localiser pour déclencher un clic dessus, il y a plusieurs fonctions à utiliser. La première de ces fonctions est **screenshot**, qui va faire une capture de l'écran et la retourner sous la forme d'un objet « Image » (que vous allez donc stocker dans une variable) :

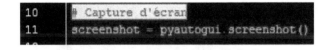

Vous pouvez passer en argument le nom que vous souhaitez donner à votre capture et dans ce cas là elle sera sauvegardé sur votre disque. Par exemple:

```
10    # Capture d'écran
11    screenshot = pyautogui.screenshot('ma_capture.png')
12
```

L'image sera sauvegardé en png sous le nom : **ma_capture**.

Sur un écran de 1920 x 1080, la fonction screenshot s'exécute en 100 millisecondes.

Ce qui n'est pas rien, mais l'on peut réduire cela en renseignant dans quelle zone de l'écran il faut chercher.

Pour cela il faut renseigner l'argument nommé : **region**, qui est un tuple sous la forme : (X, Y, Largeur, Hauteur).

Comme ceci :

```
10    # Capture d'écran
11    screenshot = pyautogui.screenshot(region=(100,50,500,600))
12
```

Les recherches se feront à partir de 100 pixels depuis la gauche de l'écran et 50 pixels depuis le haut de l'écran et sur 500 pixels de large et 600 pixels de haut.

Ce qui aura pour but de vraiment alléger les calculs.

Passons aux images.

Images

Maintenant il va vous falloir une ou des images à chercher sur l'écran. Cette image que vous allez chercher, il faudra envoyer son chemin en argument à la fonction :

locateOnScreen, qui vous renverra (s'il la trouve) un tuple de quatre valeurs (X,Y, Largeur, Hauteur) ou None s'il ne l'a pas trouvé.

Vous avez aussi une fonction **center**, qui reçoit une region en argument et qui renvoie son centre (pratique pour les clics).

Et encore mieux, vous avez une fonction qui combine les deux :

locateCenterOnScreen qui s'utilise comme locateOnScreen et qui renvoie directement le centre.

Mais prenons un cas concret. Nous allons créer un script qui automatise les actions sur notre calculatrice.

Maintenant, le projet.

Projet

Ce que vous devez faire pour commencer c'est de récupérer la capture de votre calculatrice, ainsi que des touches dont nous allons nous servir (c'est à dire : tous les chiffres, le signe plus et le égal).

Pour ce qui est des captures je vous recommande de prendre légèrement moins que la fenêtre car si vous débordez sur la capture, il ne reconnaîtra jamais votre calculatrice.

C'est logique, imaginez que vous preniez légèrement plus et que derrière il y a un fond rouge et que quand vous lancez vos tests, la page arrière a changé et elle est bleu.

L'image de votre calculatrice ne sera plus la même que la réelle à l'écran et ne sera donc jamais trouvé par le script.

Pour les boutons, prenez uniquement le chiffre (ou le signe), pas la peine de prendre le bouton entier.

Voilà mes images :

0
00.PNG

1
01.PNG

2
02.PNG

3
03.PNG

4
04.PNG

5
05.PNG

6
06.PNG

7
07.PNG

8
08.PNG

9
09.PNG

calc.PNG

=
egal.PNG

+
plus.PNG

Et voilà ma calculatrice. Comme vous pouvez le voir je n'ai pas
débordé :

Commençons le code :

```
1    # -*- coding: utf-8 -*-
2
3    ⊟from pyautogui import *
4    ⊟import time
5
6    time.sleep(1)
7    # Capture d'écran
8    screenshot = screenshot()
```

Après avoir importé le nécessaire et mis un délai d'une seconde au démarrage, je fais un screenshot à la ligne 8 que je stocke dans la variable screenshot.

J'ai décidé d'importer pyautogui comme ci-dessus, pour ne pas avoir à le retaper devant chaque fonction.

```
10   # Image à chercher
11   calc_img = './Assets/Images/calc.PNG'
12   # Récup région de l'image :X,Y,Largeur,Hauteur
13   calc_region = locateOnScreen(calc_img, grayscale=True)
14   print(calc_region)
```

Je stocke le chemin de l'image de ma calculatrice dans la variable : **calc_img**, puis à la ligne 13, je récupère sa région que je stocke dans **calc_region**, en appelant la fonction : locateOnScreen et en lui donnant en argument calc_img qui contient le chemin de mon image.

Vous remarquerez qu'il y a un deuxième argument. Un kwargs **grayscale**, qui permet de rechercher l'image en nuance de gris et non pas en couleur (ce qui améliore la rapidité d'exécution), quand on le met à True.

```
16    # Tant que la région n'est pas trouvé
17    while calc_region == None:
18        calc_region = locateOnScreen(calc_img, grayscale=True)
19
20
21    print(calc_region)
22
23    # Si la région est trouvé, on définit les prochaines
24    # Recherches sur celle-ci
25    im_region = screenshot(region=calc_region)
```

Je crée une boucle while qui tournera tant que calc_region sera à None.

Rappelez-vous, quand la fonction locateOnScreen ne trouve pas l'image elle renvoie : None.

Ensuite à la ligne 25, je fais un nouveau screenshot pour mes futures recherches d'images, mais cette fois-ci je lui donne la région de ma calculatrice que je viens de trouver à la ligne 18.

Ce qui veut dire que les futures recherches d'images se feront uniquement sur la zone de ma calculatrice. Comparé à une recherche sur un écran de 1920x1080, inutile de vous dire qu'on gagne beaucoup en performance.

En rajoutant à ça le grayscale, on peut dire qu'on a bien optimisé notre algorithme pour le moment.

On continue :

```
27   # Récup de toutes les images de touches
28   # Dans des listes ou :
29   # Element 0 : Chemin de l'image
30   # Element 1 : Région de l'image
31   # Elem 2 : Centre de l'image (pour clic)
32   un = ['./Assets/Images/01.PNG'
33   deux = ['./Assets/Images/02.PNG'
34   trois = ['./Assets/Images/03.PNG'
35   quatre = ['./Assets/Images/04.PNG'
36   cinq = ['./Assets/Images/05.PNG'
37   six = ['./Assets/Images/06.PNG'
38   sept = ['./Assets/Images/07.PNG'
39   huit = ['./Assets/Images/08.PNG'
40   neuf = ['./Assets/Images/09.PNG'
41   zero = ['./Assets/Images/00.PNG'
42   plus = ['./Assets/Images/plus.PNG'
43   egal = ['./Assets/Images/egal.PNG'
44
```

Nous avons ici récupéré les chemins de toutes nos images, mais au lieu de les stocker dans de simples variables comme on l'a fait avec notre calculatrice, on les stocke dans des listes.

Une liste par touche, ou : l'élément zéro sera le chemin de l'image et plus tard : l'élément un sera la région de l'image et l'élément deux : son centre (pour le clic).

```
45    # Liste regroupant toutes les touches
46    liste_touches = [un, deux, trois,
47                     quatre, cinq, six,
48                     sept, huit, neuf,
49                     zero, plus, egal]
50
51    # Boucle sur chaque touche
52    for btn in liste_touches:
53        # Pour chaque touche on rajoute sa région à l'élém 1
54        btn.append(locateOnScreen(btn[0], grayscale=True))
55        # Pour chaque touche on rajoute son centre à élém 2
56        btn.append(center(btn[1]))
57    print(liste_touches)
```

Je crée une liste qui regroupe les listes de toutes les touches, que j'envoie à la boucle for de la ligne 52.

Je rajoute dans la liste de chaque touche, deux éléments (comme je vous l'ai dit un peu plus haut).

42

A la ligne 54 je rajoute l'élément un, à chaque liste qui, comme vous pouvez le voir correspondra à sa region puisque je fais un locateOnScreen sur l'élément zéro de chaque touche (c'est à dire : son chemin).

Puis à la ligne 56 je rajoute l'élément deux en appelant la fonction center et en lui donnant comme argument l'élément que l'on a créé à la ligne 54. C'est à dire sa région.

```
58
59     # Clic sur les éléments 2 de la liste des touches
60     # qui correspond à leur centre
61     click(huit[2], interval=2)
62     click(plus[2], interval=2)
63     click(deux[2], interval=2)
64     click(egal[2], interval=2)
```

Maintenant que toutes mes touches et mes régions et centres sont répertoriés, je peux enfin programmer mes actions.

J'utilise la fonction click, plusieurs fois en lui donnant en argument le deuxième élément des listes de chaque touche que je veux cliquer.

N'oubliez pas : Dans chaque liste, l'élément zéro, c'est le chemin de l'image. L'élément un, sa région et l'élément deux, son centre (idéal pour le clic).

L'argument interval que j'ai rajouté c'est juste pour le fun, histoire de voir ma souris se déplacer seule.

Vous avez maintenant les notions pour créer un script qui tape un code visuel.

Vous pouvez aussi récupérer des images de menus pour vous connecter et exécuter des actions sur vos sites préférés. Vous pouvez aussi faire du traitement par lot.

Voyons un peu les fonctions qu'il nous reste à étudier.

Les autres fonctions

La fonction **locateAllOnScreen**, qui prend les même arguments que la fonction locateOnScreen, mais qui renvoie la liste des régions de toutes les images qui correspondent à celle renseignées en argument.

Par exemple, sur échiquier, si vous envoyez à la fonction, l'image d'une case noire, elle vous renverra la liste des régions de toutes les cases noires.

La fonction **locate**, qui prend en argument deux images. La première c'est l'image à chercher et la deuxième c'est l'image dans laquelle il faut chercher. La fonction vous renverra la première qu'elle trouvera. Bien sur, le grayscale est possible aussi. Exemple :

premiere_potion = locate(image_potion, image_inventaire).

Il y a aussi son équivalent avec All : **locateAll**, qui renverra la liste de toutes les régions des images qui auront été trouvées.

Il y a aussi la fonction : **pixel**, qui prend en argument les coordonnées x et y du pixel que vous voulez. Cette fonction vous renverra les valeurs RGB (Rouge, Vert, Bleu) du pixel demandé.

Puis vous avez la fonction **pixelMatchesColor**, compare si deux pixels sont identiques, en prenant en argument les coordonnées x et y du premier pixel et un tuple RGB de la couleur à comparer. La fonction renverra True si les pixels sont identiques ou False sinon.

Elle prend également un kwargs utile qui est : **tolerance** et qui vous permet de définir une marge d'erreur pour la comparaison. Par exemple sur un pixel de (100,100,100) avec tolerance à 10.

pixelMatchesColor(200,500,(100,100,100), tolerance=10) :

Vous aurez droit à une marge d'erreur de 10 sur les valeurs RGB.

Partie 2 : Cas Pratiques

4. Facebook

Dans cette partie nous allons réaliser des cas concrets. Dans ce chapitre nous allons commencer par Facebook et voir ce que nous allons pouvoir automatiser comme taches.

Mise en place

Nous avons trois façons de mettre en place des taches automatisées sur un site. Dans ce chapitre nous en verrons deux.

La première consiste à enregistrer tous les boutons ou nous allons devoir cliquer, pour faire une recherche d'images comme nous avons appris à le faire.

Quant à la deuxième, elle consiste à récupérer toutes les coordonnées des boutons qui seront cliqués et de faire de simples click(x,y) ou x et y seront les coordonnées que vous aurez récupérées.

Je vous rappelle que pour cela vous pouvez créer une boucle While qui affiche la position de la souris en continue dans la console et qu'il vous suffit de déplacer la souris sur les zones que vous voulez identifier et de noter ses coordonnées ensuite.

Alors bien sur, vous n'allez pas rentrer les coordonnées à la main à chaque fois. Il s'agit de les récupérer une fois et de les stocker dans un dictionnaire. Pour pouvoir faire par la suite :

click(mon_dictionnaire['mon profil']).

Ou quelque chose d'équivalent.

Quant à la troisième, que j'apprécie plus car elle est beaucoup plus professionnelle, il suffit de créer une base de données **sqlite** sur votre PC et d'y stocker les valeurs que vous voulez. Mais vous allez me dire : oui mais ça revient à les marquer à la main non ?

Alors en quoi c'est mieux que la deuxième solution ?

C'est très simple : Pourquoi ne pas déclencher un prompt (boîte de dialogue qui attend du texte) quand vous faîtes un clic droit (ou autre chose) sur une zone et qu'ensuite vous rentrez dans le champ de texte le nom de la zone (quant aux coordonnées elles seront rentrées automatiquement en récupérant la position du clic droit).

Il vous suffira donc, à chaque fois de faire :

Un clic droit sur votre zone, vous marquez son nom, vous validez... Et c'est tout. Toutes vos coordonnées seront stockées dans votre base.

Vous pouvez même aller plus loin en rentrant en texte par défaut la requête Sqlite pour enregistrer l'entrée et il ne vous suffira plus qu'à changer le nom de la zone avant de valider.

Ainsi dans la base vous pourrez aussi avoir un champ nommé SITE, à qui vous pourrez donner la valeur Facebook ou Twitter, ou Youtube, bref tous les sites que vous voulez.

Vous aurez donc une super base de données qui vous permettra d'automatiser tous les sites que vous souhaitez.

Commençons donc avec la première méthode et d'ailleurs je commence par une mise en garde car elle marche mal chez moi, parce que je n'ai pas pris la peine de bien découper mes images pour identifier les boutons.

Alors faîtes-le correctement. En prenant une zone plus petite comme je vous l'ai expliqué au chapitre qui traitait du sujet.

Voici mes boutons :

Que vous choisissez la solution un, deux ou trois, prenez quand même L'icône de votre navigateur (celle qui s'affiche dans la barre des taches).

Puisque si vous lancez des clics sur votre site et que la fenêtre active est en fait votre traitement de texte, vous aurez des résultats imprévu. Il faudra donc s'assurer que l'on est bien dans le navigateur.

Voici mon code :

```
1      # -*- coding: utf-8 -*-
2      __author__ = 'JulienFAUJANET'
3      from pyautogui import *
4      import time
5      from pymsgbox.native import *
```

J'ai créé un fichier Python que j'ai nommé *Facebook.py*.

J'importe les modules : pyautogui, time, et pymsgbox (pour les boîtes de dialogue).

```
7      time.sleep(1)
8
9      global icons_path, chrome_icon, fb_tab, fb_tab, fb_icons,\
10         fleche_precedent, twitter_tab, youtube_tab
11
12     icons_path = './Assets/Images/Tabs/'
13     chrome_icon = icons_path+'chrome.PNG'
14     fb_tab = icons_path+'fb.PNG'
15     fb_home = icons_path+'fb_home.PNG'
16     fb_icons = icons_path+'fb_icons.PNG'
17     fleche_precedent = icons_path+'fleche_precedent.PNG'
18     twitter_tab = icons_path+'twitter.PNG'
19     youtube_tab = icons_path+'youtube.PNG'
```

Je mets toutes les variables qui contiennent les chemins vers les images, en global.

Ici, je vous saute la partie sur le dictionnaire qui contient les coordonnées de toutes mes zones (puisqu'on en parlera après) mais sachez que c'est ici que je l'ai mise. (De toutes façon, référez-vous aux numéros de lignes).

Nous allons maintenant vérifier que nous sommes bien sur Chrome (ou un autre navigateur) avant de lancer des actions de clics.

Regardez la fonction suivante :

```python
37  def check_ischrome():
38      screen = screenshot()
39      zone = locateCenterOnScreen(fleche_precedent,
40              region=(1, 28, 34, 27), grayscale=True)
41
42      if zone != None:
43          return True
44      else:
45          screen = screenshot()
46          chrome_icon_zone = locateCenterOnScreen(chrome_icon,
47                  region=(400, 980, 1300, 99), grayscale=True)
48
49          if chrome_icon_zone != None:
50              click(chrome_icon_zone)
51              screen = screenshot()
52              fleche_zone = locateCenterOnScreen(fleche_precedent,
53                      region=(1, 28, 34, 27), grayscale=True)
54
55              if fleche_zone != None:
56                  return True
57              else:
58                  return False
```

Je crée le screen à la ligne 38. Ligne 39, je fais un locateCenterOnScreen sur l'image de la flèche précédent de mon navigateur. Je suis allé à la ligne pour plus de clarté, ne soyez pas perdu. Je fais un region (directement dans la fonction) pour optimiser le temps de calcul et j'ai aussi le grayscale à True.

Ligne 42 si la zone de la flèche n'est pas à None, c'est qu'il a trouvé l'image et que nous sommes donc dans le navigateur, la fonction retourne True.

Sinon (dessous le else, ligne 44) j'exécute la même chose mais pour trouver l'icône de mon navigateur dans la barre des taches (pour cliquer dessus et le le lancer).

Par contre, s'il n'a pas trouvé l'icône, la fonction retourne False.

Ensuite je crée un nouveau fichier Python que je nomme Test(je pourrais me servir de Facebook.py comme module). Et dans ce nouveau fichier j'y mets le code suivant :

```
1   # -*- coding: utf-8 -*-
2   __author__ = 'JulienFAUJANET'
3   from pyautogui import *
4   import time
5   import Facebook
6
7   if Facebook.check_ischrome() == True:
```

Bien sur il faut quelque chose dessous le If. Mais il se dirige vers Chrome si la fenêtre n'est pas activée.

Voyons maintenant la solution du dictionnaire (qui est plus précise et beaucoup plus rapide) :

Vous devez créer une boucle while infini comme ceci :

while True :

    print(position())

Et à chaque fois que vous placer votre souris sur une zone que vous voulez répertorier vous regardez sa position dans la console et vous la notez sur une feuille (solution un peu archaïque mais bon).

Ensuite, vous n'avez plus qu'à créer votre dictionnaire et y rentrer les valeurs, comme ceci :

```
21   dict_facebook_zones = {}
22   dict_facebook_zones['Encart_Statut'] = (900,400)
23   dict_facebook_zones['Bouton_Publier'] = (1150,450)
24   dict_facebook_zones['Categorie_Journal'] = (600,280)
25   dict_facebook_zones['Categorie_A_Propos'] = (700,280)
26   dict_facebook_zones['Categorie_Amis'] = (800,280)
27   dict_facebook_zones['Categorie_Photos'] = (890,280)
28   dict_facebook_zones['Selecteur_Audience'] = (1050,450)
29   dict_facebook_zones['Notifs_Amis'] = (1180,84)
30   dict_facebook_zones['Notifs_Messages'] = (1210,84)
31   dict_facebook_zones['Notifs_Notifs'] = (1250,84)
32   dict_facebook_zones['Home'] = (900,84)
33   dict_facebook_zones['Accueil'] = (980,84)
34   dict_facebook_zones['Barre_Recherches'] = (700,84)
```

Mon écran 27 pouces est en 1920x1080 sur le navigateur Chrome qui a un zoom nul (C'est à dire 100%). Donc ce n'est pas impossible que vous ayez les mêmes valeurs, à l'exception de celle à côté du prénom, car si votre prénom à une taille beaucoup trop éloignée de la taille de mon prénom (Julien : 6 caractères) ça va légèrement fausser de la ligne 29 à 33.

La Pratique

Bon par contre j'ai un peu triché pour l'onglet Facebook, je l'ai rentré à la main comme un amateur (dans le fichier Facebook):

```
68    def go_on_fb():
69        click(67, 14)
70
```

N'imitez pas ma flemme !

Dans notre fichier Test je rajoute :

```
7     if check_ischrome() == True:
8         go_on_fb()
9         click(dict_facebook_zones['Home'], interval=1)
10        scroll(1000)
11        moveTo(dict_facebook_zones['Categorie_Photos'], duration=0.25)
12        click()
```

ATTENTION : ici encore j'ai importé le module Facebook de cette façon :

from Facebook import *

De cette façon je n'ai plus besoin de mettre Facebook devant le nom de mes fonctions et les captures d'écrans que je vous fais sont plus lisibles.

Détaillons le code :

Ligne 8, la souris clique sur l'onglet Facebook.

Ligne 9 La souris clique sur votre prénom, pour aller sur votre profil, avec un délai d'une seconde pour laisser le temps à la page de se charger avant d'aller à la suite.

Ligne 10, je scroll (défile) vers le haut, parce que de temps en temps quand Facebook charge une page, il la défile légèrement vers le bas. Je ne sais pas si c'est un bug de leur part ou une astuce pour empêcher les bots, mais nous le controns avec la fonction scroll.

Ligne 11, je fais un moveTo en direction de mon onglet « Photos », avec un délai d'un quart de seconde.

Puis ligne 12 , un clic là ou la souris se trouve.

Pourquoi un moveTo et un click et non pas directement un click ?

Tout simplement parce que ça ne marche pas. Là encore je ne sais pas si c'est un bug du module (qui en comporte quand même quelques-uns) ou le temps de chargement de la page qui me bloque, ou même encore un algorithme anti-bot de Facebook. Mais quoi qu'il en soit, ma technique fonctionne.

Bugs Facebook

Il semblerait que nous soyons dans l'incapacité de réaliser certaines actions automatiques sur Facebook, mais j'ai trouvé certaines parades.

Parfois il y a un décalage (une marge) entre le haut de votre photo de couverture et la barre de navigation Facebook. Ce qui a pour effet de tout fausser niveau dimension.

Mais fort heureusement nous avons vu une fonction capable de comparer la couleur de deux pixels.

C'est très simple, il me suffit de récupérer la position d'un des pixels bleu pale pour récupérer sa valeur RGB :

J'affiche les valeurs RGB de la couleur dans la console que je récupère pour utiliser la fonction de comparaison de pixels.

```
21    if pixelMatchesColor(700, 107, (233, 235, 238)):
22        hauteur_categorie = 470
23    else:
24        hauteur_categorie = 430
25
```

Ensuite je récupère la position du premier pixel approximativement qui se trouve en dessous de la barre de navigation Facebook. (toujours le même principe : avec la souris qui survole la zone, en regardant la position dans la console).

Je rentre donc les coordonnées de ce pixel dans la fonction pixelMatchesColor et en deuxième argument je rentre les valeurs de la couleur bleu pâle.

Puis je mets tout ça dans un If qui vérifie si les couleurs correspondent, ça veut dire que Facebook a tout décalé vers le bas donc je récupère la valeur Y de mes onglets catégorie qui est à 470 et sinon, les onglets sont à 430.

Ensuite dans mon dictionnaire il ne me reste plus qu'à enlever la valeur que j'avais rentré pour la remplacer par la variable :

```
dict_facebook_zones['Categorie_Journal'] = (600, hauteur_categorie)
dict_facebook_zones['Categorie_A_Propos'] = (700, hauteur_categorie)
dict_facebook_zones['Categorie_Amis'] = (800, hauteur_categorie)
dict_facebook_zones['Categorie_Photos'] = (890, hauteur_categorie)
```

Pour ce qui est du scroll infini sur Facebook (pour voir les anciens posts, vu que les années et mois à droite ont disparu) vous allez devoir mettre un délai dans votre boucle.

Voici le code pour faire défiler indéfiniment (dans le fichier Test) :

```
 7    if check_ischrome() == True:
 8        go_on_fb()
 9        moveTo(size()[0]//2, 300)
10
11
12    while True:
13
14        scroll(-10000)
15        time.sleep(0.5)
16
```

Ligne 9, je positionne la souris au centre de l'écran (horizontalement) et verticalement. Je fais en sorte qu'elle soit plus bas que la barre de navigation, sinon ça ne défilera pas.

Puis dans ma boucle while, je fais un scroll assez fort pour qu'il aille tout en bas de la page, ensuite je fais un sleep d'une demi seconde, car vous savez que Facebook recharge ses pages par bloc.

Donc le scroll me permet d'atteindre directement le bloc et ensuite je mets le sleep pour arrêter le scroll tant que Facebook recharge.

Les valeurs du scroll et du délai seront différentes chez vous. Cela dépendra de votre système et de la vitesse de votre bande passante.

Pour écrire un statut (bien que maintenant, vous avez suffisamment de connaissances pour le faire seul, je vous le détaille) :

J'ai écrit cette fonction dans le fichier Facebook :

```
66    def ecrire statut(texte):
67        click(dict_facebook_zones['Home'])
68        click(dict_facebook_zones['Encart_Statut'])
69        typewrite(texte)
70        click(dict_facebook_zones['Bouton_Publier'])
71
```

Ligne 67 je clique sur la valeur qui est nommé home dans mon dictionnaire et qui correspond au bouton vers mon profil.

Ligne 68, je clique sur encart statut qui est la position de l'encart pour écrire les statuts. Comme ça je lui donne le focus.

Ligne 69 j'utilise la fonction typewrite qui prend en argument, l'argument qui sera lui-même passé à la fonction.

Puis, ligne 70, je clique sur publier.

Maintenant, pour écrire un statut il ne me reste plus qu'à aller dans le fichier test et d'y écrire :

```
7    if check_ischrome() == True:
8        go_on_fb()
9        ecrire_statut("Texte de bot, super cool")
10
```

Ce qui nous donne, bien entendu :

Julien Faujanet
À l'instant ·

Texte de bot, super cool

👍 J'aime   💬 Commenter

Votre commentaire...

Je vais vous avouer un truc : Le statut a été écrit (et publié) tellement vite qu'il a fallu que je rafraîchisse moi-même la page pour qu'il s'affiche.

Je pourrais vous montrer des exemples pendant des heures, mais à partir du moment ou vous avez récupéré toutes les positions des endroits cliquables, vous pouvez tout faire tout seul (et facilement en plus).

5. Optimisations

Dans ce chapitre nous allons optimiser le système d'enregistrement des positions en créant une base de données qui sera stockée localement sur votre machine et qui demandera le nom de la position dans une boîte de dialogue de type « Prompt ».

Je précise que le but de ce livre n'est pas la création et gestion de bases de données, alors je passerai assez vite sur certains de ces points.

Les grandes lignes

Le but de ce script sera de demander dans la console si l'on veut rentrer une position dans la base de données ou quitter, en tapant « p » pour rentrer une position et « q » pour quitter.

Une fois que vous avez tapé « p » (et validé avec entrée), vous aurez 3 secondes (mais vous pourrez changer le délai) pour aller positionner votre souris là ou vous souhaitez capturer la position.

Passé ce délai, une boîte de dialogue va s'ouvrir avec en texte par défaut, le mot « Nom » qu'il faudra remplacer par le nom que vous voulez donner à cette position.

Le mot « Facebook » qu'il faudra remplacer par le nom du site sur lequel vous enregistrez la position, et les coordonnées X et Y, qu'il ne faudra bien sur pas toucher, sinon il n'y aurait pas d'intérêt.

Ces données seront séparées par un caractère spécial (pour pouvoir les formater ensuite dans la base de données), j'ai choisi pour cela le caractère | qui s'obtient en faisant Alt Gr + 6 sur un clavier Azerty.

Vous n'aurez plus qu'à cliquer sur OK et l'enregistrement se fera automatiquement.

Le code

```
1    __author__ = 'JulienFAUJANET'
2    # -*- coding: utf-8 -*-
3
4    import sqlite3
5    from pymsgbox.native import *
6    from pyautogui import *
```

Nous aurons besoin du module sqlite3. Il faudra donc l'importer. Si vous ne l'avez pas : installez-le.

On importe aussi pymsgbox.native pour avoir accès aux boîtes de dialogues et bien sur pyautogui.

```
8
9     # Base de donnees
10    conn = sqlite3.connect('base_de_positions.sqlite')
```

Pour créer votre base de données, il faut utiliser la méthode connect du module sqlite3 et rentrer en argument le nom du fichier, qui sera votre base. Que je stocke dans la variable : conn.

```
14    cursor = conn.cursor()
```

Cursor est l'interface qui permet de gérer la lecture-écriture dans la base. Je le stocke dans la variable : « cursor ».

```
19    def create_positions_db(cursor):
20        cursor.execute("""
21    CREATE TABLE IF NOT EXISTS Positions(
22        id INTEGER PRIMARY KEY AUTOINCREMENT UNIQUE,
23        name TEXT,
24        site TEXT,
25        position_x INTEGER,
26        position_y INTEGER
27    )
28    """)
29        conn.commit()
```

Je crée une fonction qui s'occupera de créer la table dans ma base de données. Je la nomme : « Positions », elle comporte :

Un ID (Unique), un Nom (name) de type Text, le site de type Text et les position_x et position_y de type Integer.

Notez que c'est cursor qui crée la table avec la méthode execute.

Ensuite je fais commit (méthode de l'objet conn). C'est en quelques sortes pour valider.

```
32    # Suppression de la base de donnees
33
34    def drop_position_db(cursor):
35        cursor.execute("""
36    DROP TABLE Positions
37    """)
38        conn.commit()
39
```

Je crée la fonction de drop qui est basé sur le même principe est qui sert à supprimer la table.

```
41    # Insertion dans la base de donnees
42
43
44    def insert_in_db(cursor, PositionBDD_Object):
45        cursor.execute("""
46    INSERT INTO Positions(name,
47    site,position_x,position_y) VALUES(?, ?, ?, ?)""",
48    (PositionBDD_Object.name, PositionBDD_Object.site,
49    PositionBDD_Object.position_x,
50    PositionBDD_Object.position_y ))
51        conn.commit()
```

Je crée la fonction Insert pour y insérer les données dans la base. Elle prend en deuxième argument l'objet d'une classe que l'on créera plus bas. Donc vous pouvez passer et revenir ensuite si vous voulez.

Elle insère tous les attributs de notre objet en respectant l'ordre défini dans le String de la requête SQL.

```
53
54    # Recup donnees bdd
55
56    def recup_toute_la_table(cursor):
57        cursor.execute("""
58        SELECT id, name, site, position_x,position_y FROM Positions""")
59        rows = cursor.fetchall()
60        for r in rows:
61            print('recup_table : ', r)
62
63        return rows
```

Je crée la fonction de Select pour récupérer les données de la table Positions. Bien sur vous pouvez faire des requêtes personnalisées, mais ça n'est pas le but ici.

Il faut tout récupérer avec fetchall que je stocke dans rows.

Et c'est donc rows qui contiendra toutes mes entrées. Je le retourne en bas de la fonction.

Nous allons maintenant créer deux classes. Commençons par la première qui va nous permettre de gérer la chaîne de caractères que va nous renvoyer la boîte de dialogue pour pouvoir la formater en chaîne compréhensible pour notre requête SQL (La partie ou je vous avez prévenu que vous comprendrez plus bas).

Le but de cette classe est simple :

elle prend la chaîne de caractères en argument et elle la sépare avec la fonction split à chaque fois qu'elle rencontre le caractère : |.

Elle stocke dans l'ordre les valeurs nom, site position x et position y.

```
67      # Classes pour gérer la table des positions dans la base de do
68
69      class PositionBDD(object):
70          """Classe qui recupere les positions pour la base de donné
71          """
72          def __init__(self, chaine_a_spliter):
73              self.split_chaine(chaine_a_spliter)
74
75          def split_chaine(self, chaine_a_spliter):
76              print(chaine_a_spliter.split())
77              name, site, pos_x, pos_y = chaine_a_spliter.split('|')
78              self.name = name
79              self.site = site.strip()
80              self.position_x = pos_x
81              self.position_y = pos_y
82
83
84          def __repr__(self):
85              return self.name+' '+ self.site+' '+\
86                      self.position_x+' '+self.position_y
87
```

La deuxième classe, elle, permettra de ne récupérer que les positions du site que vous voulez automatiser. Sinon vous risquez de lui demander de cliquer sur votre profil Facebook en lui donnant les coordonnées de votre profil Twitter (et ça ne marchera pas).

Le principe de cette classe est simple :

Elle n'a qu'un seul attribut. Un dictionnaire qui regroupera toutes les positions sous la forme :

Clé = le nom que vous avez donné à la position

Valeur = (Position X, Position Y).

```
90    class Site(object):
91        """
92        Une Instance pour chaque site
93        """
94        def __init__(self):
95            self.dict_site = {}
96
97        def add_positions(self, name, pos_x, pos_y):
98            self.dict_site[name] = (pos_x, pos_y)
99
```

Pour créer une entrée de dictionnaire je crée une méthode qui le fera en lui envoyant le nom de la position et les coordonnées.

```
101       create_positions_db(cursor)
```

Ici nous appelons simplement la fonction qui crée la table.

Maintenant, nous allons créer la boucle qui nous demandera non-stop si vous voulons créer une entrée ou quitter. Donc nous sortirons de cette boucle en choisissant : « Quitter ».

Après avoir rentré le choix, je pose un délai de 3 secondes, pour que l'utilisateur ait le temps de positionner sa souris sur l'endroit qu'il veut répertorier dans la table « Positions » .

Suite des explications dessous la capture en question :

```
108    # Boucle qui demande dans la console si l'on doit creer une en
109    # Si oui : Positionnez la souris dans les 5 secondes qui suive
110
111
112    while True:
113        inp = input('Tapez P pour sauver une pos, Q pour quitter')
114        time.sleep(3)
115        if inp == "P" or inp == "p":
116            chaine = prompt(text='Modifiez les valeurs',
117                title='Insertion en base de données',
118                default='Nom| Facebook|'+
119                str(position()[0])+'|'+str(position()[1]))
120            print('chaine', chaine)
121            entree = PositionBDD(chaine)
122            print('entree', entree.__repr__())
123            insert_in_db(cursor, entree)
124
125        elif inp == "Q" or inp == "q":
126            Rows = recup_toute_la_table(cursor)
127
128            break
129
130    conn.close()
```

Ligne 113, je vérifie si l'utilisateur a tapé un « P » minuscule ou majuscule. Si c'est le cas : le code en dessous est exécuté.

C'est à ce moment-là que je crée le prompt (boîte de dialogue qui permet d'entrer du texte) et je stockerai le texte de retour dans la variable « chaine ».

Cette fonction prompt contient un kwargs **text** (le texte de la boîte de dialogue) .

Un autre **title** (son titre), puis pour le plus important : **default**, qui est le texte par défaut que doit contenir le champs de texte que l'utilisateur peut rentrer et qui sera renvoyé dans la variable : « chaine ».

Comme vous le voyez j'ai fais l'erreur de laisser un espace avant le mot Facebook à la ligne 118, ce qui fait que si je n'utilise pas la fonction strip le mot ne sera pas Facebook mais Facebook avec un espace juste avant.

La ligne importante ici est la ligne 119 qui rajoute dans le **default**, la position x et y de la souris. Du coup elle seront rentrées automatiquement dans la boîte de dialogue et nous n'aurons rien à faire de ce côté là.

A la ligne 121 je crée une instance de ma classe **PositionBDD**, qui formate la requête, souvenez-vous (plus haut).

Puis cet objet que j'obtiens, je l'envoie à la fonction d'insertion de la base de données.

Quand on écrit du code comme cela, il est vivement conseillé de relire les fonctions créés au début du code pour comprendre.

Puis nous arrivons au elif, au cas ou l'utilisateur aurait rentré la lettre « Q » au lieu de « P », ce qui signifie qu'il a fini d'enregistrer des positions.

On peut donc lancer la fonction de récupération des données, que je stocke ici dans Rows. Puis je fais un break, pour sortir de la boucle.

Enfin je fais un : **conn.close()**. Pour fermer la base de données.

Ensuite je crée une fonction de triage pour ne pas mélanger mes positions Facebook avec mes positions Twitter (ou n'importe quel site).

Elle prend en argument le nom de votre site et l'objet Rows, qui contient toutes les requêtes.

Ensuite elle teste si le nom du site que j'ai renseigné est Facebook ou Twitter (ou ce que vous voulez) et elle crée un objet de la classe Site (celle qui ne contient que le dictionnaire).

```
132
133    ⊟def trier_site(name, rows):
134        if name == 'Facebook' or name == 'facebook' or \
135                        name == 'FB' or name == 'fb':
136            Facebook = Site()
137            for r in rows:
138                    # Attention aux blancs
139                if r[2].strip() == 'Facebook':
140                    Facebook.add_positions(r[1], r[3], r[4])
141
142            return Facebook
143
144        elif name == 'Twitter' or name == 'twitter' or \
145                        name == 'TW' or name == 'tw':
146            Twitter = Site()
147            for r in rows:
148                if r[2].strip() == 'Twitter':
149                    Twitter.add_positions(r[1], r[3], r[4])
150            return Twitter
151
152    Facebook = trier_site('Facebook', Rows)
153
154    for ke, valu in Facebook.dict_site.items():
155        print('DICT :', ke, valu)
156
```

Puis à partir de la elle parcours toutes les entrées contenues dans
Rows et elle vérifie si l'index numéro 2 (qui contient le nom du site) et
une entrée Facebook.

Si oui, alors elle crée une entrée dans le dictionnaire de l'objet Facebook pour la stocker, (avec son nom comme clé et les positions comme valeurs).

Si l'entrée qu'elle parcours n'est pas une entrée Facebook, elle ne la stockera pas dans le dictionnaire.

Sous la seule condition que j'ai envoyé : Facebook en argument de cette fonction.

En dessous je fais la même chose pour Twitter. Je devrais bien sur faire la même chose sur tous les autres sites que je veux automatiser.

A la ligne 152 c'est ici que j'apelle la fonction de triage en lui donnant en argument Facebook ainsi que la liste Rows.

Ligne 154, c'est juste une liste pour moi, qui me parcours toutes les paires clé / valeur de mon dictionnaire.

Voilà, le code est enfin terminé.

Faisons un essai :

Tapez P pour sauver une pos, Q pour quitterp

Dans la console, nous devons choisir (et valider). Ensuite je dois déplacer ma souris à l'endroit que je veux répertorier (dans le temps imparti).

On ne peut pas le voir sur la capture, mais ma souris est sur le bouton « Tweeter ». Le prompt s'affiche. Je change les paramètres :

Je mets le nom que je souhaite à cette position, il s'agit de Twitter donc je remplace le nom du site par Twitter.

Quant aux coordonnées qui se sont utilement placées à droite je ne les touche pas. Je valide avec OK.

```
Tapez P pour sauver une pos, Q pour quitterp
chaine Bouton_Tweeter|Twitter|1473|86
['Bouton_Tweeter|Twitter|1473|86']
entree Bouton_Tweeter Twitter 1473 86
Tapez P pour sauver une pos, Q pour quitter
```

Les prints que j'avais placés un peu partout, s'affichent. Ensuite je tape « Q » pour arrêter d'entrer des positions :

```
recup_table :   (1, 'Profil', ' Facebook', 900, 83)
recup_table :   (2, 'Accueil', ' Facebook', 967, 84)
recup_table :   (3, 'Amis_demandes', ' Facebook', 1178, 84)
recup_table :   (4, 'Messages', ' Facebook', 1216, 78)
recup_table :   (5, 'Notifications', ' Facebook', 1244, 80)
recup_table :   (6, 'Bouton_Tweeter', 'Twitter', 1473, 86)
DICT : Amis_demandes (1178, 84)
DICT : Messages (1216, 78)
DICT : Accueil (967, 84)
DICT : Profil (900, 83)
DICT : Notifications (1244, 80)
```

Il m'affiche toutes mes entrées. Quant à mon dictionnaire (Les cinq dernières lignes) il n'affiche pas celle de Twitter (que je viens de créer).

Car rappelez-vous, dans la fonction de tris je lui demande uniquement les entrées Facebook, donc il me donne dans le dictionnaire uniquement les entrées que j'ai créé sans vous au début (hors capture d'écran).

C'est donc le dictionnaire de l'instance de la classe Site qu'il faudra utiliser, pour manier les positions.

Vous devrez importer ce script dans votre programme pour pouvoir l'utiliser. Chose que vous êtes largement capable de faire si vous en êtes arrivé là.

6. Aller Plus Loin

Dans ce chapitre je vais vous parler du module webbrowser, qui permet de gérer le navigateur. Ça va vous faire gagner du temps dans la reconnaissance du site avant d'y exécuter des taches. Puis je vous donnerai quelques idées pour exploiter au mieux ce que vous avez appris dans ce livre.

Webbrowser

Le Webbrowser va vous permettre d'ouvrir le navigateur à l'adresse de votre choix. Ce qui va être bien plus pratique pour arriver à destination sans encombres. Regardez ce code d'exemple :

```
6    import webbrowser
7
8    webbrowser.open('https://www.facebook.com' )
9    time.sleep(3)
10   ecrire_statut("Plus pratique comme ca")
11
```

Vous importez webbrowser, ensuite pour ouvrir une page vous appelez la fonction **open**, qui prend en arguments :

-L' URL du site de destination (obligatoire).

-Le paramètre new qui est à zéro par défaut. Ce qui signifie qu'il ouvrira la page dans le même navigateur. Si vous le mettez à 1 il ouvrira une nouvelle fenêtre et à 2 il ouvrira un nouvel onglet. Ce paramètre est facultatif (il est à 0 par défaut).

- Le dernier paramètre est l'autoraise qui est à True par défaut.

Idées d'utilisations

Un script qui saute la pub sur Youtube:

Pourquoi ne pas créer un script qui passe automatiquement la pub sur Youtube. En calculant que la pub est lancée et en attendant que l'encart pour ignorer la pub s'affiche, pour cliquer dessus. Laissez-moi vous expliquer l'algorithme dans les grandes lignes :

Le script peut détecter la pub en analysant les pixels en dessous de la vidéo. Il y a une barre de défilement jaune pendant la pub. Maintenant vous savez comment on compare les couleurs des pixels.

Puis quand il détecte que c'est une pub il analyse l'encart de droite avec une reconnaissance d'images pour reconnaître le bouton « Ignorer l'annonce ».

En rentrant la region et en analysant qu'une partie de l'image (pour gagner du temps) et peut être même un grayscale, ça sera très fluide.

Un script qui laisse défiler la pub et qui attend que vous reveniez en mettant la vidéo en pause si vous n'êtes toujours pas là (Youtube) :

Très simple, il suffit de définir une zone sur l'écran qui quand vous placez la souris à l'intérieur pendant une pub, le script comprendra que vous devez vous absenter pour aller aux toilettes (ou autre) et il laissera la pub défiler.

Mais si vous n'avez pas retiré la souris de la zone à la fin de la pub, il cliquera sur pause.

Algorithme dans les grandes lignes :

Zone de déclenchement = zone(0,0,400,800).

Si la souris est dans cette zone et que le script détecte la barre de défilement jaune en dessous de la vidéo alors ça signifie que l'utilisateur s'absente pendant une pub.

Quand l'encart de la pub disparaît, faire un clic de souris sur le bouton pause. Qu'il faudra garder, car ce genre de positions sont importantes pour vos scripts, essayez d'en enregistrer le plus possible.

Ensuite vous retirez la pause à votre retour.

Un script qui vous retrouve une vidéo visionnée il y a longtemps (Youtube) :

Dans Youtube, vous avez l'historique des vidéos regardées et l'historique des recherches.

Il vous suffit de faire un script qui fait défiler tout l'historique (ça peut être long de le faire à la main) et au bout d'un moment, le script lancera la combinaison de touches :

Ctrl + F, pour lancer une recherche dans la page. Vous rentrez votre texte, ensuite il suffit de faire défiler et de s'arrêter sur les pixels jaunes (qui représentent la surbrillance des résultats) et de lancer un clic.

Ou un Ctrl + Clic, pour l'ouvrir dans un nouvel onglet tout en restant sur cette page (pour ouvrir les autres aussi).

Le script peut même ensuite aller dans chacun des onglets pour faire un triple clic sur la barre d'adresse et un Ctrl + C, pour copier les liens des vidéos et les écrire dans un fichier pour les sauvegarder.

On peut même imaginer que le script vous les envoie par mail si vous êtes au boulot et que le script se lance chez vous, mais il faut aborder la gestion des mails en Python et ce ne sera pas étudié dans ce livre.

En vrac

Voici quelques possibilités en vrac, que vous pouvez largement réaliser avec les compétences acquises dans ce livre :

⊢————————————————————————————⊣

Récupérer un texte sur une page web ou un mail avec les fonctions : mouseDown, puis moveTo (pour sélectionner tout le texte), puis Ctrl + C. Des commentaires sur les réseaux sociaux par exemples.

⊢————————————————————————————⊣

Être le plus rapide à cliquer sur un site quand il y a des placoo limitées.

⊢————————————————————————————⊣

Faire du Farming dans des jeux, sans avoir à se fatiguer. Résoudre des jeux sur les réseaux sociaux, comme des Puzzles games ou autres.

⊢————————————————————————————⊣

Résoudre des Sudokus automatiquement et extrêmement vite.

Faire une recherche sur des sites de ventes de particuliers à particuliers sans avoir à aller sur le site pour rentrer tous les champs de recherches.

Rentrer des données dans un tableur, ou même faire d'autres manipulations dans ce tableur.

Faire du traitement d'images par lot. Mais à un niveau plus poussé que ce que proposent les logiciels habituels. Puisque nous avons les connaissances pour sortir du logiciel et en ouvrir un autre donc nous pouvons aller plus loin dans nos traitements.

Faire des captures d'écrans de votre PC à intervalles régulières et si l'image courante est différente de la précédente, cela signifie que quelqu'un est sur le PC à votre place et vous pouvez agir en conséquence : L'éteindre, le bloquer par mot de passe, afficher une image ou une page web qui lui dit que vous êtes au courant.

Un script qui prévient quand une équipe marque un but. En lui faisant analyser le site qui commente les actions du match.

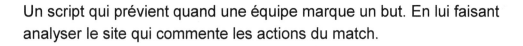

Un script qui cache des données dans vos photos et qui les supprime ensuite de votre PC. Ainsi vous avez toujours vos données mais elles sont dissimulées dans vos photos et vous êtes le seul à pouvoir les récupérer.

Un de mes précédents livre traite du sujet pour dissimuler des données dans des images en Python.

Pourquoi ne pas faire un script qui va s'optimiser tout seul ?

Un script ou vous renseignerez des adresses de sites et il prendrait plusieurs captures de chaque site, en se baladant parmi les différentes autres pages de chaque site pour vérifier quelles sont les captures qui sont identiques sur un même site, du style :

La barre de navigation, un menu, un logo.

Puis parmi toutes ces captures qui seraient propres au site, il calculerait laquelle serait la plus rapide à identifier.

Ainsi vous aurez un super algorithme capable de vérifier sur quel site votre script d'automatisation se trouve ce qui éviterait les erreurs et du coup il pourrait aussi créer des positions relatives aux captures qu'il détiendrait et non aux positions que vous aurez renseignés.

Puisqu'il aurait aussi calculé que ses positions sont plus optimisés. Il pourrait même mettre à jour votre base de données de positions.

Un script qui analyse le profil de certaines personnes que vous suivez sur les réseaux sociaux et qui vous averti de certains changements du style :

Un nouveau statut (Facebook le fait déjà), une nouvelle photo (ça aussi Facebook le fait déjà), un commentaire sur une des pages ou un des groupes que vous suivez en commun.

Un script qui fait des captures de vos notifications sur les réseaux sociaux avant que la personne qui l'a écrite la supprime.

Bon OK, pour celle là, il faut vraiment être accros aux réseaux sociaux. Mais vous pouvez toujours le faire pour un de vos amis que ça intéresse.

Bref, les idées ne manquent pas. Vous pouvez réaliser quasiment tout ce qui vous passe par la tête et qui nécessite des clics ou l'écriture du texte.

Même si de ce côté là vous avez pu remarquer une faiblesse du module qui n'apprécie pas certaines touches.

7. Conclusions

Il peut être extrêmement simple de faire des scripts d'automatisations comme il peut être extrêmement frustrant de les voir buguer juste parce qu'on a un décalage de quelques pixels au clic d'un bouton et que ça a faussé tout le reste.

Je vous conseille de faire des vérifications sur chaque action, dans la mesure du possible. Car il est évident que si vous faîtes un script qui doit cliquer très rapidement à plusieurs endroit vous ne pourrez peut être pas vous permettre de créer des fonctions qui contrôleront que l'action a réussi mais qui vous fera perdre 1 ou 2 secondes à chaque fois que vous la lancerez.

Si votre script n'a pas besoin d'être exécuté dans un temps très court, faîtes de la reconnaissance d'images pour vous localiser et si la couleur n'est pas importante dans la localisation de l'image faîtes un grayscale.

Pensez aussi aux régions, qui peuvent vous faire gagner énormément de temps en évitant d'analyser tout l'écran.

├───┤

Ce livre est à présent terminé, j'espère vraiment qu'il vous aura plu. Si vous avez des questions vous pouvez me contacter par e-mail à :

julienfaujanet@gmail.com

ou sur Twitter à :

https://twitter.com/JulienFAUJANET

Si vous avez acheté ce livre sur Amazon, je vous serai reconnaissant de mettre un commentaire et une note pour les futurs lecteurs. On ne dirait pas comme ça mais ces notes influencent énormément le classement des ventes. J'étais numéro 1 des ventes avec un de mes livres, un lecteur m'a mit une note : 1 étoile, j'ai aussitôt dégringolé le classement.

Alors merci par avance pour votre commentaire et votre note.

Pour la petite histoire, la note sur le coup était justifiée, il y avait eut un problème de formatage sur son e-book et tout le texte avait disparu (Problème qui est résolu aujourd'hui).

Pour mon prochain livre j'envisage d'aller beaucoup plus loin dans l'automatisation. On utilisera un module qui permet de déplacer et redimensionner les fenêtres. Il y aura certainement la gestion des processus, des menus, des onglets. Bref que des choses sympa.

Merci !

Du même auteur:

Manuel indispensable pour Unity.

Dans ce livre vous apprendrez à créer des jeux vidéos avec le moteur de jeux : Unity, ainsi que les bases du langage de programmation C#. Ce qui vous permettra de mettre en place la logique de votre jeu.

L'adultère, les ex, les virus, comment les démasquer

Dans ce livre vous apprendrez comment votre ex vous piste, que ce soit sur les réseaux sociaux mais aussi sur votre boite mail. Vous apprendrez aussi à démasquer l'adultère de votre conjoint ainsi que les différentes techniques mises en place par certaines personnes pour vous pirater.

Bien commencer avec Python 3

Dans ce livre vous apprendrez les bases du langage Python dans sa version : 3.5. Parce qu'il faut bien commencer un jour quand on veut se lancer ; ce livre est fait pour ça !

Python 3 : niveau intermédiaire (couleur)

Dans ce livre on passe au niveau supérieur. Vous apprendrez à créer des logiciels de manipulations d'images avec les bibliothèques Tkinter et Pillow (Pil).

Python 3 : niveau avancé

Dans ce livre ça devient très pointu mais largement accessible pour ceux qui ont suivi les deux livres précédent. Ici nous apprendrons à dissimuler des données dans une image. Vous pourrez dissimuler du texte ou même une image dans une image.

Python 3 :de débutant à avancé

Dans ce livre regroupe en un seul livre mes trois livres précédent sur Python :
Bien commencer avec Python 3
Python 3 : niveau intermédiaire
Python 3 : niveau avancé.
Le tout pour le prix d'un seul livre.

Bien commencer avec Pygame

Dans ce livre vous apprendrez les bases pour créer des jeux vidéos 2D avec Pygame. Utilisé avec le langage Python cette bibliothèque vous permettra une multitude de choses comme : Animer vos personnages, gérer les collisions, gérer les interactions du clavier, de la souris et bien d'autres.

En vente sur Amazon.

www.ingramcontent.com/pod-product-compliance
Lightning Source LLC
Chambersburg PA
CBHW052148070326
40689CB00050B/2520